AF360998

EUGÈNE ADENIS

Spectacle gratis

CONTE EN VERS

DIT PAR

COQUELIN AINÉ

de la Comédie-Française

PRIX : UN FRANC

PARIS

PAUL OLLENDORFF, ÉDITEUR

28 bis, Rue de Richelieu, 28 bis

1886

SPECTACLE GRATIS

DU MÊME AUTEUR :

FLIRTATION, monologue, dit par Coquelin ainé, de la
Comédie-Française.

L'HOMME QUI NE PEUT PAS SIFFLER, conte en vers, dit par
Coquelin ainé.

LE REVOLVER, monologue, dit par Coquelin ainé.

LE NOUVEAU-NÉ, poésie, dite par Mlle Reichenberg, de la
Comédie-Française.

Eugène ADENIS

Spectacle Gratis

CONTE EN VERS

DIT PAR

COQUELIN AINÉ

de la Comédie-Française

PARIS

PAUL OLLENDORFF, ÉDITEUR

28 bis, Rue de Richelieu, 28 bis

1886

Tous droits réservés

Spectacle Gratis

Le quatorze juillet, autrefois le quinze août,
(Soit dit sans parti pris politique, et pour cause ;
    Car le plaisir, c'est quelque chose,
    La politique, rien du tout,)
Même date, joyeuse, enivrée et bruyante,
Chère à l'un, insipide à l'autre, assurément
    Fort utile au gouvernement
        Du moment,
    Qui, sur sa base chancelante,
  Est à peu près certain, quant à cela,
    De ne pas crouler ce jour-là.
Car on respecte en lui l'amphitryon superbe
  Qui, sur le peuple ardent à les saisir,

Lance gaiement, à pleine gerbe,
Les épis dorés du plaisir.
Oui, le gouvernement offre cette journée ;
C'est bien le moins qu'il donne un jour par an,
Lui qui reçoit toute l'année !...
Il ne lésine pas, soyons juste, il est grand !
Il transforme Paris en vaste champ de fête.
Il pavoise le jour, illumine le soir,
Fait parader, musique en tête,
Nos glorieux soldats... qui voudraient bien s'asseoir !
Il offre tout : concerts, jeux, drapeaux, bals folâtres,
Feux d'artifice ; il ouvre au peuple les théâtres,
Les théâtres !... régal trop cher dont les Français
Sont toujours friands à l'excès.
C'est demain, et déjà le peuple en prend à l'aise ;
Sa gaieté sonne haut et clair ;
Et des refrains joyeux de Marseillaise
Retentissent partout dans l'air !

Or, madame Cochin et madame Garruge,
Concierges toutes deux, impasse Popincourt,
L'une petite et raide comme un juge,
L'autre, ronde commère au profil large et court,
A l'œil riant, à la face replète
Où les coquelicots ont submergé les lys,

Ont décidé, pour faire une fête complète,
De s'offrir l'une à l'autre un spectacle gratis
On partira demain à huit heures d'horloge,
        Sans faute, en robe de gala.
        Les maris garderont la loge ;
        Les maris sont faits pour cela.
Point de difficulté. Reste à savoir, ensuite,
        Quel spectacle l'on choisira ;
        M'ame Cochin dit : *la grande* Opéra !
        Oui, mais m'ame Garruge hésite.
        Elle objecte, non sans raison,
        Qu'on y fait beaucoup de musique :
— Des théâtres, dit-elle, on en trouve à foison :
        L'Alcazar, l'Opéra-comique,
Le Français... ces deux-là, paraît que c'est la fleur
Du panier ; les acteurs y savent tous leur rôle...
— Sûr, fait m'ame Cochin, la pièce n'est pas drôle,
        Quand on n'entend que le souffleur !
— Le spectacle, après tout, je dis ça quand on l'aime,
        C'est intéressant tout de même,
Conclut m'ame Garruge: et *la grande* Opéra,
C'est à voir. Moi, je fais d'abord ce qu'on voudra.
Mais que la question, ce soir, soit décidée. ...
— On dit que l'Ambigu n'est pas à mépriser.
— Allons à l'Ambigu: c'est une bonne idée ;
        On pleure : on doit bien s'amuser.

Le lendemain matin, toutes deux, sous les armes,
Diverses de parure et diverses de charmes,
Après avoir dûment consigné leurs maris,
Gagnaient à pas pressés le centre de Paris.
Ainsi qu'un écolier bondit, le cœur en fête,
        Au premier rendez-vous d'amour,
Elles vont, elles vont, et, sans tourner la tête,
Se hâtent pour saisir, comme dit le poète,
    Ce jour unique, ce grand jour !
    Le plaisir leur donne des ailes.
Ah ! c'est que le public ne fera pas défaut,
    Et c'est loin ! Arriveront-elles
    Pour être assises comme il faut
  .Et pour bien voir ?... Svelte et petite
        M'ame Cochin, le nez au vent,
File, se glisse, tourne, évite
Les rencontres, s'arrête à peine, repart vite,
        Et trottine toujours devant.
        Malgré l'ardeur qui l'aiguillonne,
        M'ame Garruge, assurément,
Manie avec moins d'art son auguste personne.
        Suant, soufflant, à tout moment
        Elle s'arrête, prend haleine,
    Mais l'autre lui fait signe : Allons !
    Et M'ame Garruge, à grand peine,
        S'ébranle sur ses deux talons.

L'Ambigu! Le voici! Mais, bon Dieu, quelle foule!
Tel, en effet, qu'un long ruban qui se déroule,
Aux abords du théâtre, où veillent les agents,
    S'étend une foule de gens
    Assis, debout, couchés, en boule.
    Les deux commères, cependant,
    En souriant, en minaudant,
Cherchent à se glisser sur le rang le plus proche...
  Le rang se ferme à leur approche,
    Et derrière elles, à l'instant,
S'élève une clameur menaçante... On entend
Hurler, sur divers tons, ces trois mots : A la queue !
A la queue ! A la queue ! Et, ma foi, peu s'en faut
Qu'on n'écharpe les deux commères en défaut,
    Victimes d'une blouse bleue.
L'heure succède à l'heure... on compte les instants.
Un murmure d'espoir monte, de temps en temps,
D'un groupe où l'on croit voir une porte qui bouge.
On dévore des yeux la grande affiche rouge
Où s'étale ce titre affriolant à voir :
      L'Assommoir !
La porte s'ouvre... Ah! ce n'est pas un rêve...
La voici toute grande ouverte, cette fois.
Un cri part, cri joyeux lancé par mille voix,
Et comme un flot longtemps contenu se soulève,
    Malgré les regards courroucés

Des agents, et leurs bras lancés
A droite, à gauche, avec furie
On se presse, on se heurte, on crie,
     On prend le théâtre d'assaut !
Les premiers sont déjà maîtres du vestibule,
     Des couloirs, où l'on se bouscule,
Et, franchissant les escaliers d'un saut,
     O stupeur, curieuse étude !
Ils grimpent d'un seul trait jusqu'en haut... l'habitude!
Et tous suivent, tous, plus rapides que l'éclair,
     Par vingt, par trente, par centaines,
     Comme soldats sans capitaines,
     S'élancent gaiement sur un air
     De chanson en vogue... Bataille,
     Bagarre, escalade sans nom,
D'où M'ame Cochin, grâce à sa petite taille,
Se tire avec succès, M'ame Garruge, non.
M'ame Cochin, qu'on a pu voir à l'œuvre,
A travers la cohue immense s'est fait jour,
   Et, glissant comme une couleuvre,
   Elle est entrée avant son tour.
   Mais le Paradis l'effarouche,
   Et, loin de suivre le courant,
          La fine mouche
Monte au premier balcon, s'installe au premier rang.

M'ame Garruge est restée en arrière...
        On la soulève de terre ;
Sa bonne humeur ne l'abandonne pas.
Rouge comme la braise ardente d'un cratère,
Elle rit de ne plus pouvoir compter ses pas.
        Le flot qui l'entraînait la porte
Jusqu'au troisième étage ; elle étend les deux bras ;
        On la jette contre une porte..
Elle entre dans la salle, elle s'avance, hélas !...
        Hélas ! jusqu'où l'a-t on hissée !...
Quelle hauteur ! comme elle est mal placée !..
Et sa compagne ?... où donc est-elle ?... Ah !... là.
Comme elle est bien, et quelle chance elle a !
Tiens ! justement près d'elle un fauteuil reste libre !...
Elle se penche alors, elle perd l'équilibre,
Et voilà que la tête en bas, les pieds en l'air.
        En zigzags, comme un éclair,
Par dessus le balcon, horreur ! elle culbute !...
        Un grand cri s'élève... et Dieu sait
Quel spectacle gratis elle montre en sa chute
        A la foule qui frémissait !
Mais elle, après avoir vu trente-six lumières,
        Au terme du saut périlleux,
Tombe sur le fauteuil de balcon des premières,
        Très capitonné, très moelleux,

A côté de son amie,
Qu'ainsi, sans cérémonie,
Elle rejoint, et par le plus heureux
De tous les hasards, tombe... pile.
Elle lève la tête alors, et, très tranquille,
Dit simplement : Ah! je suis mieux!

MONOLOGUES

AFFAIRES (les), monologue par Jean Mézin, dit par
Coquelin cadet, de la Comédie française...... 1 »

AIGUILLEUR (l'), monologue dramatique, par A. Scheler,
dit par Worms, de la Comédie-Française. in-18. 1 »

AMATEUR (l') DE PEINTURE, monologue, par Phil. Gille,
dit par Coquelin cadet, de la Comédie-Française,
illustrations de Loir Luigi, in-18 .... 1 »

AMOUREUX (les), fantaisie en vers par Ch. Clairville,
dite par Coquelin aîné, de la Comédie-Française
(illustrations de Cabriol), in-18 .... 1 »

APRÈS LE MARIAGE, monologue, par Paul Manivet, dit
par Mlle Marsy, de la Comédie-Franç., in-8... 1 »

ARDOISE (l'), poésie, par Henri Jouin, dit par Mlle Reichenberg de la Comédie-Française .... 1 »

ASSURÉ (l'), monologue en vers, par Marcel Belloc, dit
par F. Galipaux, du Pal.-Roy., in-18, 2e éd. 1 »

AU JARDIN DES PLANTES, poésie, par Paul Lheureux,
dite par Galipaux du théâtre du Palais-Royal (couverture illustrée par H. Gray)................ 1 »

AUTOUR D'UN CHAPEAU, saynète, par Jules Legoux, jouée
par Mlle S. Reichenberg de la Com.-Fr., in-18 1 »

AUX ANTIPODES, monologue, provenço-comique. par
Georges Feydeau, dit par Mme Judic, des Variétés,
(couvert. illustrée par Lorin), 1 v. in-18, 2e éd. 1 »

BAIN (le), monologue, par Charles Samson, dit par
F. Galipaux, du th. du Pal.-Roy., in-18, 2e éd 1 »

BAVARDES (les), scène tirée du *Mercure Galant* de Bour-
sault, in-18 .... » 50

BILLET DE MILLE (Le), monologue en vers, par Georges
Feydeau, dit par Saint-Germain, du Gymnase. 1 »

BIJOU PERDU (le), monol. en pr. par Louis Bridier et
Edouard Philippe.......................... 1 »

BON DIEU (le) mon. en vers, par E. Grenet-Dancourt,
dit par Coquelin aîné, de la Com.-Franç., 2e éd. 1 »

BOUDINÉ (le), par V. Revel, thèse en vers soutenue par Georges Noblet, du théâtre du Gymnase (couverture illustrée par Jan Van Beers) .... 1 »

BOUTON (le), mon., par Hixe, dit par Des Roseaux 1 »

BRETELLES (les), monologue en vers, par V. Revel, dit par Coquelin cadet, de la Comédie-Française. 1 »

CANDIDAT (le), monologue, par E. R., in-18...... 1 »

CÉLÈBRES (les), monologue comique, par Georges Feydeau, dit par Coquelin cadet, de la Comédie-Française, in-18............................. 1 »

C'EST LA FAUTE AU SILLERY, monol. en vers (avec illustrations de E. Klips), par A. Desmoulin, dit par Berthelier, in-18 .... 1 50
> Il a été tiré 25 exempl. de luxe sur papier Whatmann à 4 francs; 15 sur papier de Chine à 6 francs ; et 4 sur papier du Japon à 8 francs.

CHAPEAUX (les), par J. G. Vibert, conférence faite au théâtre des Variétés par Berthelier. Un album in-4, illustré de 20 dessins 1 50

CHASSE (la), mon. comique, par E. Grenet-Dancourt, dit par Coquelin aîné, de la C.-Fr., 5e éd., in-18 1 »

CHEVAL (le), mon., par Pirouette, dit par Coquelin cadet, de la C.-Fr. (illustr. par Sapeck), in-18, 3e éd. 1 »
> Il a été tiré 25 exemplaires sur papier Watmann (1 à 25) à 3 francs ; 10 exemplaires sur papier du Japon (26 à 35) à 6 fr.

CHIRURGIEN (le) DU ROI S'AMUSE, mon., par Arnold Mortier, dit par Coquelin cadet de la Comédie-Franç. dessins de Sapeck........................... 1 »
> Il a été tiré 7 exempl. sur papier de Chine à 3 fr. ; 15 exempl. sur papier du Japon à 5 francs.

CINQ ANS APRÈS, savn. en pr., par Jules Legoux, jouée par Mme Damain, du Vaudeville, in-18, 2e éd. 1 »

LE COLIS, mon. en vers, par Georges Feydeau, dit par Saint-Germain, du Gymnase, in-18........... 1 »

COMÉDIE-FRANÇAISE A ALEXANDRE DUMAS, (la), à propos en vers, par M. Jean Aicard, dit à la Comédie-Française par M. Delaunay, le jour de l'inauguration de la statue d'Alexandre Dumas sur la place Malesherbes, 4 novembre 1883, in-16. .... » 50
> Il a été tiré à part 25 exemplaires numérotés sur papier de Hollande à 2 francs et un exemplaire unique sur papier du Japon offert à M. Alexandre Dumas fils.

Maisons (les), rimes humoristiques, par Georges Lorin,
illustrées par Loir Luigi, dites par Félix Galipaux,
du théâtre du Palais-Royal.................... 1 50
> Quelques exemplaires sur papier du Japon, 8 francs.
>   »   »   » de Chine, 6 francs.

Maman ! naïveté en vers, par Paul Roux, dite par
Mlle Hamann, du théâtre de l'Opéra, in-18... 1 »

Microbes (les), mon., par Maurice Millot, in-18. 1 »

Minet, mon., en v., par F. Bessier, dit par E. Bonheur,
in-18... 1 »

Moine (le), monol., par Jean Nicolaï, dit par Madame
Anna Judic, du th. des Variétés, 2e éd., in-18. 1 »

Molière, stances par Ch. Jolliet, dites à la Comédie-
Française, par Sarah Bernhardt et Lloyd, le 15 jan-
vier 1879, à l'occasion du 257e anniversaire de la
Naissance de Molière....................... » 50

Mon Duel, scène-monologue, par Paul Nas, avec de
nombreuses illustrations dans le texte, in-18.. 1 »

Monologue (le), mon. en pr., par E. Bourrelier, dit
par De Féraudy, de la Comédie-Fr., in-18.... 1 »

Monologue Moderne (le), par Coquelin cadet, de la
Comédie-Française. In-16, avec illustrations de Loir
Luigi... 2 »
Il reste de ce monologue quelques exemplaires de luxe sur papier
teinté à 4 fr.; sur papier de Hollande à 6 fr.; sur papier Whatman
à 6 fr.; sur papier de Chine à 8 fr ; sur papier du Japon à 10 fr.

Monologues Comiques et Dramatiques, par E. Grenet-
Dancourt, 4e édit., 1 vol. gr. in-18........... 3 50

Monologues et Récits, par Emile Boucher et Félix
Galipaux, 1 vol. in-18...................... 2 »

Mon Parapluie, monologue en vers, par Elie Frébault,
dit par Félix Galipaux, du Palais-Royal. In-18 1 »

Monsieur mon Parrain, saynète, par J. Legoux, jouée
par Mlle Durand, de la Comédie-Franç. In-18. 1 »

Mouche (la), monologue en vers, par E. Guiard, dit par
Coquelin aîné, de la Comédie-Française. 23e édition,
in-8... 1 »

Mouchoir (le), monologue en vers, par G. Feydeau, dit
par Félix Galipaux. In-18.................. 1 »

Moyen de rester fille (le), fant. en vers, par V. Revel,
dite par Mlle G. Réjane, du théâtre des Variétés 1 »

NOURRICE (la), monologue en prose, par Ernest Daudet, dit par Mlle Reichenberg, de la Comédie-Française. In-18 .... 1 »
Quelques exemplaires sur papier de Hollande, 2 fr.

NOUVEAU-NÉ (le), poésie par Jules Adenis, dite par Mlle Reichenberg, de la Comédie-Franç. In-18. 1 »

ON DEMANDE UN MINISTRE! monologue en prose par Maurice Desvallières et Gaston Joria, dit par Mademoiselle Thénard, de la Comédie-Fran. In-18. 1 »

PANOPLIE : *le Drapeau, les deux Clairons, le Casque, l'Espée*, par Jules Legoux. In-18, illustrations par M. Gérald.. 1 50

PARIS, monologue en prose, par E. Grenet-Dancourt, dit par Coquelin cadet, de la Comédie-Française 8ᵉ édit., in-18.. 1 »

PAR TÉLÉPHONE, saynète, par Jules Legoux, jouée par Mlle Thénard de la Comédie-Française. In-18 1 »

PETITE CHOSE (la), monologue en vers, par V. Revel, dit par Mlle G. Réjane, du théâtre du Vaudeville et par Galipaux, du théâtre du Palais-Royal. In-18... 1 »

PETITE RÉVOLTÉE (la), monologue en vers, par G. Feydeau, dit au Cercle des Castagnettes par Mademoiselle O. d'Andor.. 1 »

PETIT-JEAN, par J. Truffier, à-propos en vers, dit à la Comédie-Française, par Coquelin aîné, le 21 décembre 1878, à l'occasion du 239ᵉ anniversaire de la naissance de Racine. In-18 .... 1 »

PETIT MÉNAGE (le), monologue en vers, par G. Feydeau, dit et illustré par Saint-Germain, du Gymnase 1 »

PIANISTE (le), monologue en prose, par E. Morand, dit par Coquelin cadet, de la Comédie-Franç. In-18 1 »

PIÈCES A DIRE, par Adolphe Carcassonne, 2ᵉ édit., 1 vol. gr. in-18.. 1 »

POT A FLEURS (le), monologue en vers, par H. LEFEBVRE, dit par F. Galipaux, du théâtre du Palais-Royal 1 »

POUR LES JEUNES FILLES, monologue en vers, par Jacques Normand, dit par Mlle Barretta, de la Comédie-Française.. 1 »

PRÉDICTION (la), poésie, par André Alexandre, dite par Mme Emilie Broisat, de la Comédie-Franc. In-18 1 »

Paris. — Imp. A. WARMONT, Palais-Royal.